Gabi Pearson

Fühlen
ohne zu sterben

Gedichte und Gedanken
nicht nur
für Borderline Betroffene
II

Mit einem Vorwort von
Dr. Sebastian Stierl

ISBN 9783746016443

Bibliografische Information der Deutschen Nationalbibliothek Die Deutsche Nationalbibliothek verzeichnet diese Publikation in der Deutschen Nationalbibliografie, detaillierte bibliographische Daten sind im Internet über **www.dnb.de** abrufbar.

Für meine Familie

Inhalt   Seite

Vorwort

„...jenseits aller Diagnosen sind dies Themen, die alle Menschen betreffen" schreibt Gabi Pearson in ihrer Einleitung – und sie sind alles andere als harmlos. Gabi Pearson lässt uns teilhaben an ihrer Begegnung mit sich selbst und anderen. Oft schreibt sie in der Ich-Form, um uns die Identifikation zu erleichtern. Sie „verdichtet", macht nachvollziehbar, was sie einfühlend und begleitend in ihrem Arbeitsfeld erfahren hat.

Professionell stützt sie sich u.a. auf die Fortbildung in Dialektisch Behavioraler Therapie (DBT) nach Marsha Linehan, die sie beim Aufbau des IFT in ihrem Betreuungsbereich einbringen konnte. Als Qigong-Lehrerin der Deutschen Qigong Gesellschaft hat sie sich mit fernöstlicher Kultur auseinandergesetzt, um sie in Entspannungs- und Stressbewältigungskursen nutzbar zu machen. Dieser Weg charakterisiert auch den Schwerpunkt ihres Interesses bei der Arbeit mit Borderline-Betroffenen: den therapeutischen Zugang durch den kreativen Umgang mit sich selbst zu öffnen. Ihre Kunst besteht darin, Momentaufnahmen, kurze Einblicke durch Worte zu ermöglichen. In der Beschränkung spiegelt sich die Ernsthaftigkeit der Empathie – jenseits von Anmaßung und therapeutischem Gestus: „Niemand ist berechtigt, sich mir gegenüber so zu benehmen, als kenne er mich" (Robert Walser).

Stattdessen nehmen wir teil an Suchbewegungen – nach innen zur Frage der Steuerung („Wie weit bin ich eigentlich Herr(-in) im eigenen Haus?"), zur Frage des Selbstwertes („Wer bin ich, was macht mich liebenswert?"), – nach außen auf der Suche nach Grenzen, nach Beziehung, nach Freiheit und nach Sicherheit.

Hier traut sich jemand hin zu fühlen – auch wenn's weh tut. Bei aller Desillusionierung und Realitätskonfrontation bleibt der Tenor ermutigend, das Glas halb voll, wird die Veränderbarkeit als Prinzip herausgestellt. Auch wenn der Umgang mit der Sprache manchmal spielerisch anmutet – statt Ponyhof hat das hier beschriebene Leben eher den Charakter von Rodeo-Reiten, sind Abstürze einzukalkulieren.

Gabi Pearson bietet Übersetzungshilfen für die fremde Sprache der Gefühle auf der Reise in menschliche Grenzbereiche („Borderline"). Das hilft nicht nur bei der Selbsterkundung, sondern immer auch bei der Begegnung mit Fragwürdigkeiten in anderen Beziehungen.

Dr. Sebastian Stierl

Einleitung

Worte haben eine Wirkung – unabhängig davon ob wir sie aussprechen, denken, hören oder sehen wenn sie geschrieben stehen. Worte können uns berühren, bewegen und bereichern.

Mit wenigen Worten beschreiben Gedichte komplexe Prozesse, lassen aber gleichzeitig auch Raum für eigene Interpretationen. Gedichte sind konzentrierte Gedanken.

Diese Gedichte sind Ausdruck meiner Gedanken, inspiriert durch viele Gespräche, insbesondere mit Borderline Betroffenen. Für die vielen positiven Rückmeldungen zu meinem Buch „Make-up für die Seele" möchte ich mich an dieser Stelle ganz herzlich bedanken. Sie haben mich bewogen, meine Gedanken weiterhin aufzuschreiben und hiermit wieder an alle Interessierte zurückzugeben. Auch in ihnen werden erneut u.a. die Themenbereiche Gefühl, Beziehung und Selbstwert berührt, die Borderline Betroffene immer wieder beschäftigen. Aber auch jenseits aller Diagnosen sind dies Themen, die alle Menschen betreffen.

Ich wünsche mir, dass die Gedichte und Gedanken dazu anregen wahrzunehmen, was uns wichtig ist und Anstoß geben zum eigenen Nachdenken, Fühlen und Handeln.

Buchholz in Januar 2018

TSUNAMI

Ein tiefer Ozean von undefinierbarem Nichts

Ein kaum gedachter Gedanke

Ein Tsunami von Gefühlen

Eine Erinnerung daran,

einen Tsunami zu zähmen

HEUTE!

Mir geht es gut, mein Leben ist richtig.
Doch denk ich an früher, besteh´ ich aus Angst.
Doch heute ist heute.
Ich bin für mich wichtig!

Mir geht es gut, mein Leben ist richtig.
Doch denk ich an früher, besteh´ ich aus Wut.
Doch heute ist heute.
Ich bin für mich wichtig!

Mir geht es gut, mein Leben ist richtig!
Jetzt denk ich an heute.
Ich bin für mich wichtig!

WÜNSCHE

Denken ohne zu bewerten

Fühlen ohne zu sterben

Handeln ohne zu verletzen

SELBST

Selbstbild

Selbsterfahrung

Selbstverantwortung

Selbstvertrauen

Selbstfürsorge

Selbstwertgefühl

Wer ist dieses „Selbst"?

VOR-URTEILE

Vorurteile verurteilen viele
ohne fairen Prozess

GZSZ

Gute Zeiten, schlechte Zeiten
Gute Zeiten???

NIE MEHR

Nicht mehr missachtet werden
von dir und von mir.
Nicht mehr verletzt werden
von dir und von mir.
Nicht mehr misshandelt werden
von dir und von mir.
Sondern leben
für mich.

DAS WICHTIGSTE

Was ist das Wichtigste?

Natürlich das, was für mich wertvoll ist und um das ich mich kümmere:

Kinder, Partner, Arbeit, Tiere, Wohnung, Garten?

Aber was ist eigentlich das Wichtigste?

WOHIN?

Nun ist es schon wieder passiert,
dass ich aus dem Fokus
meiner eigenen Wahrnehmung
vollkommen verschwunden bin.

Wie war das doch gleich mit
der Selbstwahrnehmung
und der Antwort des
vorherigen Gedichtes?

EXTREME

Die Sonne wärmt
         – und verbrennt

Das Wasser stillt Durst
         – und überflutet

Die Erde ist fest
         – und bebt

Die Luft lässt uns atmen
         – und stürmt

Leben   – und Tod und Leben

IN MIR ...

In mir nicht Zuhause
in mir gar nicht da.
Es gibt nur die Anderen
Ist das wirklich wahr?

In mir viele Fragen
und viele Gedanken.
Sie finden kein Ende
und auch keine Schranken.

In mir gibt es Hoffnung.
In mir gibt es Liebe.
Vielleicht auch für mich?
...

FLUCHT?

So schnell kann ich gar nicht laufen,
als dass ich vor meinen
Gefühlen weglaufen könnte.
Sie holen mich ein.
Es gibt auch kein Versteck,
in das ich mich vor ihnen flüchten könnte.
Sie finden mich.

Es muss doch noch einen anderen Weg geben mit
ihnen fertig zu werden als Flucht und Verstecken.

NIEMAND IST EINE INSEL

Ich bin eine einsame Insel.
   Ein weites Meer trennt mich vom Rest.
   Ich seh´ weder Floß,
      noch Boot noch Schiff
   die Distanz zu überwinden.

   Dann wache ich auf und erkenne:
   Niemand ist eine Insel!

LEBEN?

Pflanzen brauchen Aufmerksamkeit
und
Pflege
um zu gedeihen.

Tiere brauchen Aufmerksamkeit,
Pflege
und
Liebe
um zu wachsen.

Menschen brauchen Aufmerksamkeit,
Liebe
und
Respekt
um zu leben.

Und ich?

JETZT!

Jetzt soll es sein!
Am Liebsten sofort.
Ich kann nicht mehr warten!
Es soll sofort starten!

Sofort heißt: Jetzt gleich!
Und ohne Verzug!
Jedes Warten ist Qual!
Verdammt noch einmal!

Jetzt muss es sein!
Ich halt´s nicht mehr aus!
Ich will nicht mehr warten!
Es muss sofort starten!

KONTROLLE

Prüfen – überwachen - herrschen - kontrollieren.

Kontrolle heißt Macht!

Worüber …?

Heißt ohne Kontrolle - Ohnmacht?

SPANNUNG

Extreme Spannung
will aus dem Körper
lähmt
Gedanken fliehen
zu einem Ziel
umkreisen es
Gefühle auf Eis
inmitten des Feuers
Chaos, das zur Ruhe kommen will
Wie?

EIN MÄRCHEN

Ein Märchen:
>   Nachdem sie ihren Traumprinzen
>   gefunden hatte lebten sie glücklich
>   und zufrieden bis an ihr
>   Lebensende.

Eine Lüge:
>   Alles wird gut.

Eine Chance:
>   Alles kann sich ändern.

Eine Wahrheit:
>   Ich kann alles ändern.

VOM LEBEN BETROGEN?

Vom Leben betrogen?
Vom Leben verletzt?
Wie bin ich heute,
befinde mich jetzt?

Ich habe gelebt.
Ich habe gelernt,
und hab mich von Vielem
von gestern entfernt.

Mir geht´s heute gut.
Mir gefällt mein Leben.
Ich bin nicht betrogen.
Nur: So ist es eben.
Mein Leben.

PERFEKT

Perfekt
Fehlerlos
Perfekter
Makellos
Am perfektesten

Alle? Außer mir?

ANSPRÜCHE

Immer wieder scheitere ich bei meinem Versuch
`perfekt´ zu perfektionieren.

AM ABGRUND

Ich stehe am Abgrund
und blicke hinunter.
  – warte –

Dann dreh ich mich um
und gehe.

SPIEGELBILD

Ich schau in den Spiegel
und kann nicht entdecken
wie andere mich seh´n.

Lügt der Spiegel?

ICH GEBE ALLES

Ich gebe doch alles
für alle anderen.
Ich gebe doch alles
mit Haut und Haar.
Ich gebe doch alles,
was ihr von mir wollt.
Ich gebe doch alles,
bin für mich nicht da.

Ich tu´s nicht umsonst,
ihr könnt es nicht wissen.
Ich tu´ es für mich,
auch wenn man´s nicht sieht.
Ich möchte gelobt sein
für das, was ich tue.
Ich möchte geliebt sein,
weil es mich gibt.

TREIBEIS

Stehe ich im Treibeis auf einer Eisscholle oder
habe ich festen Boden
unter meinen Füßen?

Nachsehen?

ROSEN

Es gibt keine Rosen ohne Dornen.
Gibt es Dornen ohne Rosen?

BEWEGUNG

Tage kommen und geh´n

Menschen kommen und geh´n

Gefühle kommen und geh´n

bleiben nie steh´n

BERÜHRUNG

Ein Lied berührt
lässt Gefühle entstehen?
Ein Gedicht berührt,
lässt Gefühle vergehen?
Ein Mensch berührt ...

MARIONETTE

Ich hänge an meinen Gefühlen

wie an unsichtbaren Seilen.

Sie bestimmen,

was ich tue.

Ich bemerke dann nicht,

dass ich alle Fäden

selbst in meinen Händen halte.

STURMSCHÄDEN

Eine Eiche im Sturm kann entwurzeln.
Ein Strommast im Sturm kann knicken.

Ein Bambus im Sturm neigt sich zur Erde,
richtet sich wieder auf
und bleibt vom Sturm unberührt.

SCHUTZ

Bin immer noch verwundbar.

Werd´ immer noch verletzt.

Es trifft noch vieles ungeschützt,

das werd´ ich ändern jetzt!

Ich werde mich gut schützen

mit Worten und Distanz,

Gedanken, Skills und Achtsamkeit

und werde wieder ganz.

PLANUNG?

Planung – so gut wie unmöglich.
Langfristig sehe ich nichts.
Welches Fernrohr kann ich nutzen
um meine Ziele zu erkennen?

IMPROVISATION

Ich improvisiere mich durch mein Leben.
Genau darin bin ich gut!

ANKUNFT

Im Leben angekommen

gehofft – gekämpft – gewonnen

nach langem Weg

ILLUSION

+	Kontrolle
+	Kontrolle
+	Kontrolle
=	100% Sicherheit?

FÜR MICH!

Ungeteilte Aufmerksamkeit,

ehrliche Zuneigung,

ewige Treue,

uneingeschränkte Liebe.

und das mir.

Immer!

Von meinem Tier!

UNTERSCHIEDE

Unterschiede unterscheiden Menschen

Menschen bewerten Unterschiede

Unterschiede bleiben

Bewertungen lassen sich ändern

bis hin zur

Gleichwertigkeit

trotz Unterschieden

EMOTIONEN

Emotionen: Unsichtbar
    Unhörbar
    Unfassbar
    Spürbar
    Kontrollierbar

FASSADEN

Wohin ich schaue:

Fassaden.

Was verbirgt sich dahinter?

Wo sind die Türen

und Schlüssel

um einen Zugang

zu bekommen?

WANDEL

Vom Ei zur Raupe
hungrig, behaart, langsam

Wachstum

Von der Raupe zur Puppe
versteckt, geschützt, unsichtbar

Wandel

Von der Raupe zum Schmetterling
unabhängig, selbstbestimmt, frei

Sein

BARRIEREFREIHEIT!

Wer beseitigt eigentlich die Barrieren

für Menschen mit *psychischer* Behinderung?

PERSPEKTIVE WECHSELN?

Meine Perspektive entscheidet darüber,
wie ich mein Leben betrachte.
...und die kann ich wechseln!

FARBE

Habe mein komplettes Leben gerade in
frischen Farben gestrichen –

Hätte ich vielleicht vorher doch eine
Grundierung anwenden sollen?

ZIELE

Schneller! Höher! Weiter!

Schlanker! Schöner! Perfekter!

Mehr! Größer! Reicher!

Oder?

Wer entscheidet?

WIDERSTAND

Widerstand errichtet

Barrieren

zum Schutz

im Kopf

DENK' ICH AN ANDRE

Denk' ich an andere
geht es mir gut.

Denk ich an mich
fehlt mir der Mut

mir in die Augen zu seh'n
und zu gesteh'n:

Denk ich an andere...

NATURKATASTROPHE

Naturkatastrophen kommen plötzlich.
Unerwartet kommt eine Naturgewalt,
ohne dass irgend jemand Einfluss nehmen kann.
Ohnmächtig stehen Menschen daneben und
müssen zusehen, wie ein Teil der Natur
in kürzester Zeit zerstört wird.

Aber sind Naturkatastrophen
wirklich ein Bild für meine Gefühle?

MEINS

Mein Haus.

Meine Yacht.

Mein Geld.

Meine Krisen.

Mein Lernen.

Mein Wachstum.

Meine Überzeugung.

Meine Kraft.

Mein Leben.

HILFLOS?

Hilflos und ohnmächtig

habe ich die Kraft

alle anderen zu mobilisieren,

um alles für mich zu tun.

Hilflos und ohnmächtig

habe ich die Kraft

alles in mir zu mobilisieren,

um alles für andere zu tun.

WARUM?

Warum ist es so und nicht anders?
Warum nur ist alles gescheh´n?
Ich brauche eine Erklärung,
nur so kann ich versteh´n.

Die Frage nach dem Warum
führt nicht zu einem Ziel.
Sie fragt nur immer weiter
und bringt für mich nicht viel.

Ich brauche viel mehr Liebe
nur dann hört die Frage auf.
Die Frage ist nicht mehr wichtig,
das Leben nimmt seinen Lauf.

JETZT ERST RECHT

Egal was war
jetzt ist es klar
mein Weg nach vorn

Hab gelernt zu verzeih´n
und mich zu befrei´n.
Wie neu gebor´n!

Ich pack´ es an
und bleibe dran
Jetzt erst recht.

Gar nicht so schlecht :-)

ZERRISSEN

Wie fühlt es sich an, unzerrissen zu sein?

Spüre ich es, wenn Zerrissenheit heilt?

Verblasst auch diese Narbe mit der Zeit?

WER?

Wer denkt so viel über mich

wie ich?

Wer denkt dasselbe über mich

wie ich?

Wer urteilt so hart über mich

wie ich?

Wer?

EIN TEAM

Wie ein Team!

Körper, Gedanken und Gefühle,

verschiedene Aufgaben, ein Ziel:

Leben!

MACHT

eigenmächtig
übermächtig
allmächtig
ohnmächtig

WAS HEIßT OHNMACHT?

… ohne Information zu sein, wie es weitergeht?

… ohne Alternative zu sein zur jetzigen Situation?

… ohne Handlungsmöglichkeiten, etwas umzusetzen?

… ohne Energie, Kraft oder Stärke zu sein?

… ohne Einfluss, die Situation zu verändern?

… ohne Macht?

GEFÜHLE SIND FREUNDE

Alle Gefühle sind Freunde.

Sie zeigen

was ist

in mir.

Alle Gefühle sind Freunde.

Alle!

SCHÜTZENDE WEITE

Wasser
grenzenlose Weite

soweit ich sehen kann
bis zum Horizont

schützt
auch ohne Mauern

vor Überraschungen

TITEL

Ihre Hoheit

Seine Durchlaucht

Meine Wenigkeit

WOZU LEBEN?

Wer kennt die Antwort
auf die Frage
wozu es sich zu leben lohnt?

...zu lachen
...zu lieben
...zu leiden
...zu lernen

(M)eine Antwort ahne ich leise.

NEUSTART

Was für eine Raupe das Ende scheint,

  ist für den Schmetterling der Beginn.

GRENZEN

Ich stoße an Grenzen
wohin ich auch seh´,
sie hindern mich
wohin ich auch geh´.

Sie engen mich ein
doch geben auch Halt.
Sie sind wie zwei Seiten
einer Gestalt.

Freiheit und Schutz
beides muss sein.
Die Grenzen dazu
bestimm´ ich allein.

GEDANKEN

Gedanken im Gestern
reißen alte Wunden
immer wieder auf.
Alte Schmerzen
schmerzen erneut.

Gedanken im Heute
lassen Vergangenheit ruh´n
Neue Erfahrungen
werden möglich

NEIN!

Ein kleines Wort
das Grenzen setzt
und verletzt

das Stärke hat
auch befreit.
Sei bereit.

Das kleine Wort
erfordert Mut
und tut gut.

MAUERN

Selbst *gedachte* Mauern

verhindern den Blick

auf neues.

SATT

Körper, Geist und Seele lehnen sich entspannt zurück

gesättigt

und kommen zur Ruhe.

Gutes Gefühl!

ENTSCHEIDUNG

Wer entscheidet
was gut oder schlecht
falsch oder richtig
topp oder nichtig?

Wer entscheidet
was genug oder nicht
gesund oder krank
dick oder schlank?

Wer entscheidet
wie ich werten soll
du oder nicht
oder doch ich?

AUS ALT MACH NEU

Alte Geschichten
noch nicht beendet,
denn alte Gefühle
sind noch präsent.

Alte Gedanken
dreh´ n sich im Kreis,
alte Muster
noch nicht am End´ .

Neue Geschichten
werden nun möglich,
denn neue Gefühle
werden geseh´ n.

Neue Gedanken
wachsen langsam,
neue Muster
bleiben besteh´ n.

FRAGEN

Was soll ich tun?
Wer soll ich sein?
Wie soll ich leben?
Wann bin ich Schein?

Was will ich tun?
Wer will ich sein?
Wie will ich leben?
Wann bin ich mein?

WETTER

Zu kalt. Zu warm.

Zu trocken. Zu nass.

Zu viel ...   Zu wenig ...

Nicht zu ändern!

Also akzeptieren

und entsprechend kleiden.

WIE?

Wie lernt man geh´n
    ohne fallen *und* aufsteh´n?

Wie lernt man fliegen
    ohne Höhen *und* Tiefen?

Wie lernt man leben
    ohne geben *und* nehmen?

ODER?

Die Oder trennt zwei Staaten.

Das `oder´ trennt alles andere.

ZU VIEL

Freude macht Freude.
Zuviel Freude macht Angst.

Wut macht wütend.
Zuviel Wut macht Angst.

Trauer macht traurig.
Zuviel Trauer macht Angst.

Angst macht Angst.
Zuviel Angst lähmt.

Zu viel ist zu viel.
Doch wie finde ich die Grenze?

WELTHERRSCHAFT

Emotionen beherrschen:

Musik ... Filme ... Werbung … Kriege …
Beziehungen … uns …

Wodurch bekommen sie diese Macht?

WARUM NUR?

Ich weiß genau
was gut ist
für dich.
Warum merkst du es nicht?

Ich weiß genau
was richtig ist
für dich.
Warum tust du es nicht?

Das Leben wäre dann einfacher
– für mich.

JEMAND

Jemand muss die Spannung senken
und sie in den Keller lenken.
Sie ist im Moment zu hoch.
Aber das erkenn´ ich doch.

Jemand muss die Spannung senken
und sich nicht zu sehr verrenken
bei dem angewandten Skill.
Weiß noch nicht ob ich das will.

Jemand muss die Spannung senken
ohne drüber nachzudenken,
denn die Spannung ist nicht gut.
Finde nur noch nicht den Mut.

Jemand muss die Spannung senken
und sie in den Keller lenken.
Dieser jemand bin wohl ich.
… ist ok.

Warum auch nicht?

RUCKSACK

Gewicht zieht zur Erde
Der Rucksack randvoll
Schlepp ihn durch mein Leben
Ist nicht so toll.

Ich nehm etwas raus
Es ist zwar nur klein
Der Rucksack wird leichter.
So soll es sein.

Er wird nie ganz leer
das kann auch nicht sein
Das ist schließlich keiner.
Aber dieser ist mein.

VERÄNDERUNG?

Immer wieder klage ich verzweifelt
– aber es ändert sich nichts.

(Gott sein Dank!)

ZWIESPALT?

Verstand und Gefühl
streiten sich viel.
Es geht um den Sieg,
denn es herrscht Krieg.

Verstand und Gefühl
wollen sehr viel.
Es geht um die Macht
und zwar Tag und Nacht.

Verstand und Gefühl
haben *ein* Ziel.
Das Ziel heißt Versöhnung.
Das wäre die Krönung!

Gefühl und Verstand
geh´n jetzt Hand in Hand,
Seite an Seite
gemeinsam ab heute.

SIE!

Sie   lügen nicht
       betrügen nicht
       schau´n mich an
       freu´n sich dann
       tun mir gut
       machen Mut
       sind mir wichtig
       immer richtig
       manchmal niedlich
       meistens friedlich
       geben viel
       ohne Ziel
       bleiben hier
       neben mir
       nehmen mich hin
       wie ich bin
       sind auch ehrlich
       unentbehrlich
       alle viere
       meine Tiere

LEBENSFORMEL

Die Formel fürs Leben ist kompliziert.

Viele unbekannte Größen erschweren
eine Lösung,

Aber selbst wenn ich meine Zahlen einsetze
kommt nicht immer ein Ergebnis heraus.

Muss es das?

AMBIVALENZ

Nur ich bin in der Lage die zwei Seiten einer Medaille

gleichzeitig anzusehen :-)

Danksagung

Mein großes DANKE gilt wiederum in erster Linie „meinen" Klientinnen und Klienten, die – häufig unbewusst – Ideen als Auslöser zu diesen Gedichten gegeben haben. Ohne sie gäbe es auch viele Gedichte in diesem Buch nicht. Ich hoffe, sie verzeihen mir meinen erneuten „Diebstahl".

Mein großes DANKE ebenfalls an Gabriele Niederhüfner, Claudia Oelkers-Scholz, Nadine Breit, Julia Rohloff, Thorsten und Bettina Feierabend und an meine Familie für Ermunterung, Kritik, persönliche Erfahrungen, Korrekturlesen, Layout, kreative Ideen, Zeit, Gespräche und Geduld.

Index